AF229300

JULES PATU DE SAINT-VINCENT

PAR LE DOCTEUR JOUSSET

TRÈS HONORÉ BOURGEOIS DE BELLÊME

Dans une lettre que vous m'adressez, à la date du 19 mars, non par la voie de la poste, mais par celle du journal de l'arrondissement de Mortagne, vous me sommez de ne pas laisser dans l'ombre la personnalité de M. Jules Patu de Saint-Vincent que les pauvres et nous, ses concitoyens, avons eu le malheur de perdre voilà quelques mois. Vous auriez pu réserver pour vous la pieuse mission, de dire quelques bonnes paroles pour honorer un homme de bien ; et, par vous qui avez l'habitude de tenir une plume, notre regretté défunt eut été très bien mis en relief. Vous me désignez pour cette œuvre d'histoire; il ne me coûte pas de dire de mon pays tout le bien que j'en sais, choses et gens. De ma propre initiative, j'ai loué Gustave Massiot, le républicain consciencieux et convaincu ; ami de l'ordre, ennemi du désordre de la place publique ; aimant le peuple non en théorie, mais en pratique, celui-là ; l'assistant devant la justice, à la caisse d'épargne, à la société des secours mutuels, aux comices d'agriculture, donnant à ses intérêts : temps, travail, efforts, et jusqu'au sacrifice de la vie.

J'ai loué Vandier, l'administrateur intelligent et appliqué, l'ami de la science, le travailleur méthodiste, l'homme gracieux et sympathique.

J'ai loué Jean Sortais, le plébéien resté plébéien jusqu'à la fin, l'homme du travail, de l'ordre, de la probité scrupuleuse, de la modération.

Le clergé s'abstenant, quoique son devoir lui imposât de ne pas s'abstenir, j'ai loué le révérend Docteur Debreyne, Père Robert, l'Hippocrate de notre pays, ayant toute la science du père de la médecine, et aussi toutes ses vertus.

Il ne me déplait nullement, pour vous complaire, cher artiste en tant de choses, et aussi par amour patriotique de clocher, de poursuivre cette voie dans laquelle je suis entré depuis vingt ans, et, historiquement parlant, de considérer la figure originale que vous me désignez et qui mérite bien qu'on l'étudie. Cette figure a des traits spéciaux, accentués, peu communs ; et rien de plus facile, tout en se bornant à dire la vérité, d'attacher l'auréole à cet homme qui, quoiqu'on ait pensé et dit, restera un des vrais mérites de notre pays et de notre époque.

Jules Patu de Saint-Vincent, est né au château de la Pellonière, commune du Pin-la-Garenne, à la fin du siècle dernier, et s'y est éteint l'année dernière après un parcours de deux tiers de siècle.

Peu de vies ont été aussi remplies que la sienne, par l'action, par l'occupation savante ou artistique, par la pratique de la charité sous toutes ses formes ; peu de vies, ont été autant en évidence ; et, déclarons-le de suite, à cause de cette vie si apparente et trop apparente, l'opinion publique a été sévère à cet homme d'action, de charité. A deux époques critiques, lors des révolutions de 1830 et 48, des bruits sinistres le désignaient ; des menaces de violence, de pillage, d'incendie étaient prononcées autour de lui. Ces menaces se bornèrent à un vain bruit, grâce au calme traditionnel de la population ; mais nul doute que si cette agitation eût subi le souffle effervescent du midi, M. de Saint-Vincent n'eut été victime de méfaits déplorables. Gémissons, mais ne nous étonnons pas trop de ces colères ; suivons l'histoire de notre société pendant les trois derniers règnes ; quoi donc dépassant le niveau commun en talents, en services rendus au public, a trouvé grâce, a pu échapper à la malveillance, a pu conquérir amour et respect ; et que de raisons pour que de Saint-Vincent ne fut pas soustrait à la règle générale ? Les griefs étaient nombreux contre lui :

Il appartenait à l'aristocratie par la naissance.

Il était légitimiste par réflexion.

Il était catholique, apostolique et romain, papiste plus que le pape peut-être ; ceci était grâve.

Il était artiste et en avait les excentricités.

Enfin il était charitable jusqu'à l'imprudence, jusqu'à la compromition de ses intérêts.

Voilà un homme peu commun à coup sûr, qui devait tomber sous le jugement public, et malheur à qui affronte l'opinion publique en de telles conditions.

De Saint-Vincent par la naissance appartenait à l'aristocratie ; il faut bien naître de quelqu'un. Croyez-vous que cet aristocrate fut un grand et puissant seigneur, à la tête haute, au regard fier, à la parole impérieuse, vous tenant à distance ? L'erreur serait complète. Jamais personne ne fut plus simple, plus uni, plus accessible, plus familier que de Saint-Vincent, Il parlait a tous, s'occupait de tous. Un enfant l'eût interpelé, il lui eût répondu. Voilà exactement ce qu'était ce formidable aristocrate. Où donc est le mal de descendre d'hommes illustres qui ont valu par la pensée, qui ont appartenu à la magistrature, à la finance ; qui ont laissé de saines traditions à leurs descendants et le stimulant de leurs bons exemples ?

De Saint-Vincent, était légitimiste. Le meilleur de sa vie s'était écoulé sous la restauration. Il en aimait les princes ; il leur gardait ses sympathies exclusives. Il avait en horreur les révolutions de 1830 et de 48 , à l'égal de celle de 93, malgré leur bénignité relative. Sans doute cet amour pour une race royale qu'avaient servi ses ayeux fut une cause de déplaisance par devant une population qui détestait l'ancien régime.

Le goût accentué de légitimité ne rendait pas de Saint-Vincent rigoureux pour la foi politique de ses invités dont le cercle était grand ; il accueillait avec bienveillance ceux qui ne partageaient pas ses opinions ; il lui suffisait qu'on fut homme de paix et d'ordre, pour être admis chez lui ; il tendait la main avec empressement à tous les partis honnêtes ; leur demandant, quant à lui, de garder l'austérité de sa croyance. Il n'accepta jamais la position de maire de sa commune, parce qu'il lui eut fallu prêter serment de fidélité à une autorité que son cœur n'admettait pas. Mais lorsqu'il était utile de défendre la cause de l'ordre, la cause sociale compromise, alors, il n'hésitait pas ; il la défendait de sa bourse, de sa plume, de ses démarches ; il l'eût défendue de son sang.

De Saint-Vincent eut des goûts d'art. Il toucha volontiers à l'histoire de son pays, à l'archéologie; on a de lui quelques brochures, toujours trop courtes. Il fit quelques vers. Le croira-t-on de la part d'un homme qui fut réellement bon ? La moquerie et la critique dictèrent ces vers; la passion politique, il est vrai, les inspira.

Les vues pittoresques du Perche étaient une création heureuse; on fait mieux aujourd'hui texte, et gravures. Au temps où de Saint-Vincent commença cette entreprise, l'œuvre avait le mérite de l'initiative. Elle nous a conservé les images de quelques monuments qui depuis ont disparu, et revivent, grâce à l'ingénieuse intervention du dessin. Malheureusement l'œuvre n'est pas complète ; et ce qui existe inspire des regrets pour ce qui n'existe pas. La conception de M. de Saint-Vincent a été reprise avec des matériaux plus nombreux, plus complets. En elle même elle vaut ; elle vaut parce qu'elle a fait naître. Sachons donc gré à l'auteur de son effort.

En dehors de ses goûts d'histoire et d'archéologie de Saint-Vincent eut celui de l'architecture. Tout s'use et se détruit. Le château de la Pellonière à son tour subit le sort commun, et la ruine s'apesantissait sur cette vieille et historique maison. Son maître la restaura. D'autres auraient eu la fantaisie d'édifier à la place une maison à la mode, plate, unie, plus commode peut-être; de Saint-Vincent eut le bon esprit de la garder ce qu'elle était avec ses irrégularités et ses mérites antiques ; le vieux castel est un des plus agréables du pays.

Le goût d'architecture de M. de Saint-Vincent prit tout son développement dans la construction presque totale de l'église du Pin-la-Garenne. La tour, les bas-côtés qui circonscrivent la vieille église, les chapelles sont son œuvre. Le travail a duré vingt-cinq ans. Le style ogival y est observé, l'église du Pin-la-Garenne est la plus vaste, la meilleure de nos églises de campagne. La générosité du fondateur l'a dotée de vitraux de couleur, d'une sonnerie harmonieuse, d'un buffet d'orgue; sa prévoyance s'est étendue à l'avenir : une fondation a été créé pour qu'un organiste reste attaché au service de l'église.

Le goût artistique de M. de Saint-Vincent s'étendit aussi à la musique; chez lui ce goût fut une véritable passion; il comprenait, il exécutait, il composait. Plusieurs instruments à cordes lui étaient familiers. Il s'adonna spécialement à la musique d'église. Il créa dans sa campagne une compagnie de musique et assura sa conservation. L'ancienne musique d'église, attira toute son attention ; il l'étudia dans les vieux livres de nos cathédrales, textes et chants. Ses recherches dans nos églises françaises ne lui suffirent pas ; il s'installa de longs mois, et à bien des reprises, dans les cathédrales de la Confédération-Germanique, de la Prusse, de l'Autriche, de la Belgique.' Il y recueillit des trésors d'érudition. Le clergé de son diocèse le consulta quand il s'est agi de modifier le chant des églises de la province. Les travaux de M. de Saint-Vincent lui valurent une distinction honorifique de l'académie des arts et belles-lettres. Jamais fanatisme musical n'a été poussé plus loin ; des messes en musique exécutées, dans l'église de la paroisse, par ses domestiques et des jeunes gens de sa campagne, avaient un grand charme et rappelaient à mon souvenir une certaine messe à grand orchestre exécutée à la basilique de Sainte-Croix de Jérusalem.

Hâtons-nous d'arriver à ce qui a été la couronne de M. de Saint-Vincent, son inépuisable bienfaisance. A quoi cette bienfaisance ne s'est-elle pas étendue ? Dons aux pauvres, dons aux églises, dons à la cause royaliste, dons à la cause catholique, dons aux chemins vicinaux, dons à la cause du travail sous toutes les formes, dans tous les sens.

Les sommes affectées au soutien des causes royaliste, catholique, qui en connaîtra jamais le mystère ? Ces sommes se chiffrent par beaucoup de mille francs; tant était ardente la foi politique et religieuse de notre compatriote. Quant aux secours affectés à la construction de l'église du Pin et secours de cette nature dans tous les sens, posons le chiffre de plusieurs cent mille francs, sans hésitation, ni crainte d'erreur.

Sa main a été largement ouverte pour la confection des

chemins vicinaux qui avoisinent le bourg du Pin-la-Garenne.

Quant à la charité individuelle, elle fut pratiquée envers les pauvres sans compter ; le refus fut inconnu. Cette abondance de charité eut son mauvais côté ; connue à la ronde, elle fut un appas pour les indigents des communes voisines qui venaient demeurer dans la plus chétive masure pour avoir leur part des distributions du château.

De Saint-Vincent, dans sa sollicitude envers les pauvres, imagina pour eux cette nature de secours :

Chaque lundi, il s'installait dans une petite chambre avoisinant la porte d'entrée du château. Là, il recevait toutes les femmes et filles de la commune et des communes voisines. Il leur distribuait la quantité de filasse qu'elles demandaient. A leur volonté, ces femmes et filles rapportaient ce chanvre réduit en fil, et leur travail était à l'instant payé suivant un prix convenu. Ce genre de travail imaginé pour fournir de l'occupation à de pauvres femmes, pour les soustraire à une oisiveté dangereuse, pour leur créer une aumône détournée, était onéreux pour le château. Beaucoup de cette filasse rentrait mal filée, réduite à un prix inférieur, ou n'était pas restituée. Il arriva souvent que cette masse de fil, au lieu d'être vendue à prix plus ou moins avili, fut convertie en toile et distribuée en draps, chemises. C'était toujours de la charité ; de ce côté, le seigneur de la Pellonière ne tarissait pas.

Un autre genre de secours entre mille. De Saint-Vincent créa, pour les besoins du bourg et des villages voisins, une compagnie de sapeurs-pompiers. Il fit don d'une pompe à incendie. Chef, il apprit la manœuvre à ses hommes. Il les équipa. Ces braves gens ne quittèrent le cercueil de leur fondateur aimé, regretté, qu'à la minute dernière. Ils avaient grand air sous l'uniforme ; aussi bonne mine que leurs collègues de Bellême ; ce qui n'est pas peu dire.

Nous voudrions continuer ces détails de bienfaisance ; nous finirions par abuser de l'attention du lecteur ; arrêtons-nous. Qu'on le sache d'une manière générale ; cet homme eut le génie de la charité ; il la multipliait sous toutes les formes ouvertes ou cachées.

Sous le rapport des qualités du cœur, de Saint-Vincent fut un homme parfait ; il eut dû être aimé, respecté, adoré ; il ne le fut pas. On ne séduit pas les populations par les qualités modestes ; on leur impose par les qualités impératives de l'esprit. Quand on écrit l'histoire d'un homme qui, deux tiers de siècle durant, vécut au milieu d'une population, a rempli ce long espace de temps par l'action et la charité, qui eut dû conquérir toutes les affections et ne les a pas obtenues, odieux déni de justice assurément, on est amené forcément à expliquer ce tort de la société. Eh bien, chez M. de Saint-Vincent, à côté des qualités du cœur existaient quelques travers. Sa charité allait jusqu'à la faiblesse ; on s'en moquait. Elle s'étendait jusqu'à gêner sa propre fortune et notre population, à esprit positif, n'admet pas une vertu de cette nature.

Son imagination active débordait au delà d'une certaine mesure qui n'est pas permise.

Ses goûts prononcés d'art ne trouvaient point grâce dans une société le moins du monde artiste, qui a la franchise d'en convenir et d'expliquer le pourquoi.

Il était distrait, oublieux. Distrait ; on lui parlait, il n'écoutait pas, ne répondait pas ; son esprit était ailleurs.

Oublieux ; il invitait à dîner ; les invités arrivaient et ne trouvaient ni maître, ni table mise ; le maître, il était à trois cents lieues de là, perdu dans une bibliothèque allemande, courbé sur des in-folio de plain-chant, oubliant invitation, convives, patrie.

Le public rappelait qu'il avait oublié en route sa chère épouse qu'il aimait et vénérait à si juste raison.

Ces torts, qui ne furent jamais ceux du cœur, créaient autour de notre personnage un atmosphère d'étourderie qui prêtait à la plaisanterie. Et chez nous, ne le sait-on pas ? la plaisanterie affaiblit, supprime l'estime, le respect dus aux meilleures qualités.

Quand une vie a été si bien remplie par l'action, la culture des arts, la pratique d'une immense charité, il semblerait que la nature nous dut la récompense, par anticipation, de l'autre qui est acquise aux élus. Il n'en fut rien pour de Saint-Vincent ; sa vieillesse fut accablée de douleurs physiques et morales. Les infirmités du corps arrivèrent prématurément ; elles furent cruelles ; et ces douleurs du corps furent les moindres. Mme de Saint-Vincent qui fut par les grâces de son esprit, sa foi sans ombre, son empressement de charité, l'ange gardien de son époux, sa bonne étoile, sa providence, rendit sa sainte âme à Dieu, dès l'été de 1858. De Saint-Vincent resta seul en présence de ses regrets, de sa tristesse, de son isolement. Sa vie était gâtée à toujours. Nous l'avons revu plusieurs fois distrait plus que jamais, silencieux, absorbé, sentant le malheur. Il semblait que tout lui manquât, et tout lui manquait en effet, sa sainte épouse absente. Il ne dut pas lui coûter de mourir ; de se rapprocher par la mort de celle qui avait été sa plus grande joie, son meilleur bien. Il allait se reposer, après le voyage souvent pénible de la vie, près de celle qu'il avait conduite lui-même à sa demeure, cette demeure dernière, au bord de laquelle il était souvent venu prier, invoquer. Mourant, il pensait la rejoindre dans le sein de Dieu et retrouver auprès d'elle son bonheur depuis longtemps perdu.

Vous m'avez sollicité, mon très honoré..., par votre lettre rendue publique, de vous faire le récit de la vie de M. de Saint-Vincent ; de donner le portrait de cet homme qui n'était pas un homme comme tous, d'avoir une parole de souvenir pour un concitoyen qui doit garder sa place dans l'histoire de notre province. J'aurais voulu satisfaire vos goûts qui ont droit à être exigeants. Vous ai-je contenté ? Le doute est permis. Quant à moi, au lieu d'être exposé à l'appréciation d'un public au jugement rigoureux, le silence et l'obscurité m'auraient mieux convenu. Sans rancune, cependant, et donnons-nous la main cordialement.

Mortagne. — Imprimeries Daupeley-Frères.   (Mars 1868.)